Yf 9888

LETTRE

A Mlle. CL****,

ACTRICE

DE LA COMÉDIE FRANÇOISE,

Au sujet d'un Ouvrage écrit pour la défense du Théâtre.

LETTRE
A MLLE CL****,
ACTRICE
DE LA COMÉDIE FRANÇOISE.

Au sujet d'un Ouvrage écrit pour la défense du Théâtre.

ADEMOISELLE,

Tout Paris accoûtumé à vous applaudir sur la Scene, a été

charmé de connoître en vous les estimables qualités d'une Citoyenne, jalouse de sa réputation en un point plus essentiel que ne peuvent l'être les talens les plus sublimes. La mauvaise opinion que des hommes prévenus & sans réflexion, prennent injustement des personnes de votre état, vous a semblé insuportable; & votre ame n'a pu sans douleur se voir sans cesse entre l'admiration & le mépris.

C'est une chose bien singuliere qu'une partie de la Nation enchantée du mérite des Comédiens, les applaudisse en public, les recherche en particulier, & les regarde comme des personnes distinguées par un talent merveilleux; tandis qu'une autre portion les abhorre comme sépatés de la société par l'infamie; & de l'Eglife par l'excommunication. Votre délicateffe ne peut s'accoûtumer à un état si flateur d'un côté & si affligeant de l'autre. On vous loue avec d'autant plus de satisfaction, Mademoifelle, qu'aucun motif d'intérêt ne peut vous avoir fait agir en cette occasion. Protégés & récompensés du Roi, les Comédiens voient leur Théâtre fans ceffe rempli d'une foule de Spectateurs, qui leur fournit tous les ans une récolte affez abondante pour faire oublier à quelques-uns les défagrémens, qui ne vous font pas infenfibles. C'eft donc l'honneur feul qui vous excite à chercher les moyens de vous affurer en toute maniere l'eftime générale, fans

A iij

laquelle vous n'êtes pas satisfaite des applaudissemens universels.

On vous plaint en même tems, d'avoir choisi un défenseur peu mesuré; qui en s'attirant personnellement la Censure des Magistrats, a fait plus de mal que de bien à la cause qu'il avoit embrassée. Comme s'il eut été au Barreau & plaidant sans préparation, il est tombé dans des écarts que l'on pourroit pardonner au feu d'une Eloquence rapide, mais qui dans un Ecrit où tout doit être refléchi, ne peuvent trouver d'excuse. Ceux qui ne seront pas bien informés des raisons pour lesquelles il a reçu une mortification qu'il avoit méritée, croiront que c'est précisément pour avoir pris la défense du Théâtre, que le Livre & l'Auteur ont été en même tems condamnés.

Je dirai plus, votre Avocat n'étoit pas assez bien instruit de sa matiere. Non seulement embarrassé d'une foule surabondante de citations inutiles, il ne dit rien de ce qui peut être le plus favorable aux Comédiens ; mais il avance contre eux des faits dont il est facile de démontrer la fausseté. C'est pour vous mettre en état de plaider vous-même votre cause, que je vais prendre la liberté de vous détailler des vérités constantes, sur lesquelles vous pourrés fortement vous appuyer. Au lieu de faire écrire par un autre, que ne parliez-vous, Mademoiselle ? Votre esprit & votre façon de dire

A iv

auroient entrainés & convaincus les Juges les plus séveres.

Sans se donner la peine de composer un Ouvrage nouveau, sur un sujet qui n'a été déja que trop débattu, il auroit bien mieux vallu faire réimprimer ce qui a été dit pour la défense du Théâtre, par le Pere Caffaro, Théatin de Paris. Son Ouvrage, devenu fort rare, traite la matiere à fond ; & le sage Religieux qui en est l'Auteur, a démontré par des raisons sans replique, que le Théâtre n'a jamais été condamné par l'Eglise, & qu'en soi-même il ne peut être condamnable. Je ne vous rapporterai pas ici toutes les raisons invincibles dont il appuye son sentiment, je serois trop long ; & ce qui a été mis une fois sous les yeux du Public, n'a pas besoin d'être répété par lambeaux dans un Extrait. On peut lire l'Original, & l'on verra qu'il est impossible de rien ajoûter à ce que le Pere Caffaro a si parfaitement exposé.

Le nouvel Avocat du Théâtre avance que la Condamnation contre la Comédie, a été prononcée par M. le Cardinal de Noailles; ce fait n'est vrai qu'en partie. Le respectable Prélat dont il parle, n'a pas prononcé une Excommunication nouvelle; mais il a donné de nouveaux ordres aux Curés de son Diocèse, pour remettre en vigueur une condamnation qu'il regardoit comme fort ancienne dans l'Eglise, & dont il ne restoit plus aucune trace. Comment a-t-il pu tomber dans cette erreur ? Je vais vous le dire, Mademoiselle, & cette anecdote fort intéressante pour le Théâtre, est sans doute ignorée des Comédiens, qui n'auroient pas manqué de lui faire trouver place dans le Mémoire de leur Avocat, s'ils en avoient eu connoissance.

M. Racine le Tragique avoit été élevé dans la Maison de Port-Royal. Une dispute très-vive s'éleva entre cet excellent Poete & la societé qui avoit formé son esprit & ses talens. Parmi les reproches amers que l'on fit à M. Racine, celui dont on crut l'accabler, & que l'on peignit des couleurs les plus affreuses, fut d'avoir employé son esprit au soutient du Théâtre. On fit retomber sur lui l'excommunication lancée contre les Farceurs & les auteurs de leurs Pieces. Les Ecrits de part & d'autre subsistent encore. L'Archevêque de Paris porté par des raisons que personne n'ignore, pour MM. de Port-Royal, prit leur parti dans cette dispute. Pour leur donner gain de cause en quelque maniere, il s'appésantit sur l'article des Spectacles, & fut la premiere origine de bien des scandales qui sont arrivés depuis.

Tout le monde sçait que les Farceurs d'autrefois, & les Comédiens d'aprésent n'ont rien de commun. Que l'excommunication qui regarde les uns, ne peut s'appliquer aux autres. MM. de Port-Royal le sçavoient; car on ne peut les taxer d'ignorance. Mais dans le cas présent, comme dans quelques autres, on ne peut se dispenser de les soupçonner de mauvaise foi. C'est un défaut presqu'inséparable de l'humanité. On veut avoir toujours raison; & l'on se sert des armes les plus méprisables pour soutenir ce que l'on a indiscretement avancé : lorsqu'on pourroit se faire bien plus d'honneur en avouant que l'on s'est trompé.

Ce qui m'étonne, c'est que les Comédiens qui vivoient dans le tems où l'Eglise de Paris se déclara ouvertement contr'eux, n'ayent reclamé en aucune maniere. C'est de leur part une lâcheté qu'on a de la peine à concevoir. La protection du Roi, la faveur de la Cour, les a peut-être éblouis, & leur a fait mépriser une innovation qui auroit dû leur paroître de la plus grande conséquence. S'il s'étoit trouvé parmi les Acteurs de ce tems-là des personnes qui eussent pensé comme vous, Mademoiselle, ils n'auroient pas souffert patiemment l'injure qu'on leur faisoit, & le Théâtre ne se seroit pas laissé avilir en gardant un honteux silence.

Passons maintenant à la notte d'infamie que l'on veut attacher à la profession du Théâtre. Je ne ferai là-dessus qu'une réflexion fort simple. Les Rois ont le pouvoir législatif, personne n'en doute. Une loi nouvelle détruit toute loi antérieure qui lui seroit contraire. Sans m'embarrasser de sçavoir s'il y a eu des loix qui flétrissoient les Comédiens, ou si ces loix ne les regardoient pas; il me suffit d'être assuré : que Louis XIII. a déclaré la Profession de Comédien honnête : que Louis XIV. a décidé qu'elle ne dérogeoit pas ; il ne m'en faut pas davantage. Une Profession que le Roi juge digne d'un Gentilhomme est sûrement honorable, je serois presque en droit de dire qu'elle est respectable.

Mais où votre Avocat a-t-il trouvé ce qu'il dit de la Comédie des anciens Romains, & du célèbre Roscius ? Voici ses propres mots que je vous rappelle, parce qu'ils m'ont frappé. *Ce fameux Roscius, cet Histrion si vanté, ne put convaincre le Senat du droit qu'il vouloit se donner de Citoyen Romain. Ciceron, son Orateur adverse, employa les Loix de la Republique, la naissance de Roscius, & la venalité de ses spectacles ; & Roscius n'eut rien de solide à lui opposer.*

Il faut que depuis le Collège votre Avocat n'ait jamais relu Cicéron. Les fragmens qui nous restent de son Plaidoier, sont en faveur de Roscius, & non pas contre. Il s'agit dans la cause d'un traité de societé, dans lequel Fannius accusoit Roscius de l'avoir trompé. Jamais il n'y est question du droit de Bourgeoisie Romaine. Mais Ciceron se sert en parlant de son Client, de termes qui ne peuvent convenir qu'à un Citoyen, & à un Citoyen recommandable. Cet homme, dit-il, que tout le Peuple Romain juge aussi digne de paroître sur la Scene pour ses talens, que d'être assis parmi les Juges pour sa probité. Si Roscius avoit exercé une Profession déshonorante, le grand Orateur qui parloit pour lui, n'auroit pas eu l'imprudence de choquer les hommes les plus respectables de la République, en les mettant en comparaison avec un homme noté d'infamie. Mille autres traits font voir que Roscius étoit Citoyen & universellement respecté. Ce même Ciceron étant Consul, reprocha dans une autre occasion au peuple, d'avoir commis une indécence affreuse, en faisant assez de bruit dans le Théâtre pour interrompre un homme tel que Roscius pendant qu'il parloit. Le Consul auroit-il pris de la sorte le parti d'un homme vil & déshonoré ? Vous voyez, Mademoiselle, que l'Auteur de la Consultation, ne sçait pas sur cette matiere tout ce qu'il faut sçavoir. Il ignore qu'il n'y avoit à Rome aucun spectacle vénal.

Il ne sçait pas que la Tragédie a été portée au plus haut point chez les Romains, & que Marcus Paccuvius étoit regardé comme un Tragique inimitable par Ciceron même, qui étoit parfaitement inftruit de la Littérature des Grecs. Ce grand homme qu'il a cité mal à propos ne lui eft pas bien préfent à ce qu'il me femble. Il eft fâcheux de mettre fa caufe entre les mains de pareils Défenfeurs; car de fauffes affertions une fois décellées en décréditant l'Orateur, préviennent contre la Caufe même.

En voilà, je crois, affez fur une queftion de fait que l'on pouvoit décider en peu de mots, & qui n'eft point douteufe pour les gens de bon fens & de bonne foi. Mais, permettez-moi, Mademoifelle, de vous parler d'un autre point beaucoup plus embarrassant.

Le Théâtre n'est pas condamné, je le sçais. Mais tel qu'il est aujourd'hui, les Consciences délicates, ne pourroient-elles pas dire qu'il est condamnable ? Je crains qu'à bien des égards, elles ne pussent avoir raison. Considérons d'abord les choses qu'on y joue. Vos Comédies sont-elles toutes également dignes de l'approbation des honnêtes gens ? Examinons les Ouvrages de Monfleury, de Dancourt & de quelques autres que l'on représente tous les jours. La Comédie de Turcaret, à laquelle certains Spectateurs prodiguent les plus grands applaudissemens. Sont-ce là des représentations auxquelles une honnéte Femme puisse assister sans rougir ? Et un Pere sage peut-il avec prudence en procurer l'amusement à sa Fille ? Vos Tragédies mêmes, surtout les modernes, qui semblent être seules en droit d'attirer la foule, & d'être applaudies avec fureur. Si l'on en retranchoit ce qu'on appelle les traits hardis, c'est-à-dire, ces maximes pernicieuses, contraires aux Loix des Nations, au respect que l'on doit aux Puissances, plus souvent encore à la Religion même ; que deviendroit leur mérite ? Croyez-vous que le bon citoyen, ou l'homme pieux, puisse entendre sans en être choqué des pensées que ses principes lui ont appris à détester ? Vous connoissez mieux que moi les Ouvrages dont je parle, & vous vous rappellez déja les traits que je trouve condamnables.

Maintenant voyons si le sistême sur lequel sont établis les Spectacles d'aprésent est vraiment convenable à des Citoyens. On pourroit encore avoir là-dessus quelque doute. Tout le monde convient que la mauvaise conduite de quelques particuliers ne peut porter aucune atteinte au corps dont ils sont. Mais un corps auquel on accorde des Privilèges qui ne semblent faits que pour autoriser la mauvaise conduite, n'a-t-il pas reçu une tache en même tems que ses immunités ? Lorsqu'un Citoyen, quelqu'il soit, a contracté des dettes considérables, la loi met ses créanciers en droit de saisir tous ses biens, & quelquefois même sa personne. Pourquoi a-t-on mis les Comédiens à l'abri de l'emprisonnement pour dettes ? Pourquoi leurs créanciers n'ont-ils la liberté de saisir qu'une très-petite portion de leurs émolumens, & point du tout ceux d'un Acteur de l'Opera ? C'est ce que vient de nous apprendre un nouveau Mémoire de M. Travenolle. Ces distinctions n'ôtent-elles pas le Comédiens de l'ordre général des Citoyens ? Il faut convenir que de semblables prérogatives sont aussi offençantes que commodes au corps théâtral.

Un autre privilège dont jouissent constamment les Spectacles, me paroît encore moins honorable pour eux. Une femme qui aura mérité quelque repréhension de la Police, se trouve soustraite au pouvoir des Magistrats & des Loix, si par protection, quoique sans talens, elle peut être admise à se montrer sur un Théâtre. Voilà des privilèges manifestement favorables aux mauvaises mœurs. Celui qui pense mal en use dans toute leur étendue. Les personnes naturellement sages & circonspectes ne sont pas les plus communes; & sans trop de rigidité, on pourroit regarder le Théâtre comme le rempart où se cachent ceux qui, hors delà, seroient repris par la loi. Une des plus grandes fautes de votre Avocat, est d'avoir prétendu que les loix dussent tolérer le scandale d'un concubinage public. Il auroit dû se taire sur cet article; & les Femmes de Théâtre devroient au moins cacher aux regards de la société, ce que leur conduite pourroit avoir d'irregulier. Alors elles seroient presque fondées à dire qu'elles sont comme les autres.

Les réflexions que je viens de faire, Mademoiselle, sont sans doute fort désagréables pour quelqu'un qui voudroit voir sa profession décorée de toute la gloire qu'elle mérite par elle-même, & qui n'est obscurcie que par les abus qui s'y sont introduits. Mais au lieu de faire écrire de vaines Déclamations; connue & justement estimée de tout ce qu'il y a de plus grand, que n'emploiez-vous votre crédit à rendre les Spectacles tels, qu'on ne puisse leur donner que des louanges. C'est une entreprise digne de vous; & si vous y reussissez, vous aurez justement uni le titre d'excellente Citoyenne à celui d'admirable Actrice. Voici comme j'imagine que devroient être les Spectacles de Paris, pour que leurs adversaires n'eussent plus rien à leur reprocher.

L'institution d'un Théâtre devroit être réellement académique, comme la Consultation suppose faussement qu'elle est déja. Le corps d'une societé de Comédiens, sous la protection du Roi, devroit être fixée à un nombre invariable de personnes, comme celui d'une Académie. Aucun sujet n'y devroit être reçu que par les Acteurs mêmes, à la pluralité des voix. Voilà le droit des Académies; ç'a été longtems celui des Comédiens, mais ils l'ont perdu, & sont à présent

présent soumis à un pouvoir arbitraire qui a pris force peu à peu.

A l'égard des Piéces qu'on devroit représenter, je voudrois que l'on soumit à une exacte censure tous les Ouvrages de Théâtre, tant anciens que modernes. On défendroit de représenter ceux dont le fond seroit vitieux. On retrancheroit des autres les traits licencieux, ou peu mesurés qui pourroient s'y rencontrer. On feroit une édition de toutes les Piéces telle qu'il seroit permis de les jouer; & les Troupes de Province, seroient obligées de s'y conformer sans reserve.

L'Académie Françoise seroit chargée de cette révision; c'est un emploi digne d'elle. Je voudrois qu'à l'avenir, ce

B

même Corps fut chargé de l'approbation des Piéces nouvelles, auxquelles depuis longtems les Examinateurs ordinaires ne font pas une assez grande attention.

Pensons maintenant au nombre & à l'espece de Spectacles qui devroient être établis à demeure dans Paris. Une aussi grande Ville doit avoir des Spectacles tous les jours ; cependant rien n'est plus onéreux à un Théâtre, que d'être ouvert toute la semaine. Pour remedier à tous les inconvéniens, je voudrois qu'il y eut à Paris quatre Spectacles ; c'est-à-dire, deux Théâtres de Comédie, & deux d'Opéra. Mais il faudroit qu'ils fussent tous les quatre essentiellement différens les uns des autres. L'un des deux Théâtres de Comédie, ne pourroit jamais jouer que des Pièces en Vers, l'autre seroit uniquement destiné à la Prose. Par ce moyen on auroit deux bons & utiles Spectacles. L'un plus noble, éleveroit l'ame aux grands sentimens dans le tragique, au bon goût & à la saine reflexion, par le haut comique. L'autre plus enjoué fronderoit décemment les ridicules, & feroit l'amusement de ceux qui ont besoin de rire pour se distraire des occupations sérieuses auxquelles leur état les destine.

Les deux Opéras seroient, l'un sérieux & l'autre comique; mais je n'entens pas un Opéra-Comique tel qu'il est à présent, & tel qu'il a toujours été depuis son origine. Si la Nation se glorifie des beaux Ouvrages de Théâtre que ses Auteurs ont produit, le Recueil des Opéra-Comiques doit lui faire honte. Je voudrois que ce fut une Comédie chantée, comme l'Opéra sérieux est une Tragédie en Musique.

Chacun de ces Spectacles ne seroit ouvert que de deux jours l'un. La Comédie en Vers & l'Opéra-Comique joueroient le même jour. L'Opéra sérieux & la Comédie en Prose joueroient le lendemain, & tous les quatre seroient ouverts le Dimanche. Par ce moyen chaque Spectacle n'auroit que quatre Représentations par semaine, ce qui leur seroit à tous également avantageux, & mettroit en même tems de l'ordre & de la variété dans les amusemens du Public.

Les Acteurs, de tous les genres, non seulement seroient soumis aux Loix générales des Citoyens ; mais il faudroit que les Magistrats eussent sans cesse les yeux ouverts sur leur conduite. Et l'on devroit défendre de paroître devant le Public à celui qui s'en seroit rendu indigne en se deshonorant par quelqu'affaire d'éclat. Il n'y a point d'autre moien de soutenir un corps en honneur que d'en retrancher les membres qui peuvent lui faire tort. C'étoit ainsi que se conduisoient les Grecs à l'égard des Comédiens, & l'exemple de cette Nation est toujours excellent à suivre. En un mot, il faudroit que l'on put dire de tous les Comédiens, ce que Ciceron disoit de Roscius.

Il seroit bon de fonder aux dépens de tous les Spectacles une Ecole de Théâtre ; ce dont le Magasin de l'Opéra n'a jamais été que l'ombre. On y seroit instruit d'une suffisante Littérature Françoise. On y apprendroit la Déclamation, la Musique & la Danse. Chacun après avoir reçu ces instructions, s'attacheroit à la partie pour laquelle il seroit le mieux disposé. Des Acteurs élevés de la sorte seroient bien supérieurs à ceux qui prennent le parti du Théâtre sans avoir rien appris de ce qui est nécessaire pour former un sujet, dont les connoisseurs puissent être satisfaits. Ce seroit un avantage pour les hommes de talent, qui trouveroient dans cette Ecole des places de retraite convenables à leur mérite.

Je désire beaucoup, Mademoiselle, que vous approuviez mes idées ; j'ose me flatter que vous ne les dédaignerez pas toutes. Pour les rassembler sous un point de vûe facile à être embrassé d'un seul coup d'œil: je crois que les Spectacles en général n'ont jamais été condamnés. Que l'on ne condamnera jamais ceux qui conserveront la décence en toutes ses parties. Qu'ils ont aujourd'hui quelques défauts, qu'on ne sçauroit approuver, & qu'on ne devroit pas souffrir. Je vous propose les moiens les plus simples de les rendre en même tems, honnêtes, utiles & agréables. Embrassez avec ardeur le parti de votre Etat. Faites pour le porter au bien tous les efforts dont vous êtes capable. Si vous y travaillez avec constance, vous en viendrez à bout ; & si vous rencontrez quelques difficultés, elles seront faciles à surmonter. Quand on protége une aussi bonne Cause, & que l'on a des intentions aussi louables, on peut parler avec assurance; & l'on ne pourra jamais entendre votre voix, sans y faire la plus grande attention. J'ai l'honneur d'être,

MADEMOISELLE,

Un de vos plus zélés Admirateurs.

www.ingramcontent.com/pod-product-compliance
Lightning Source LLC
Chambersburg PA
CBHW060720050426
42451CB00010B/1544